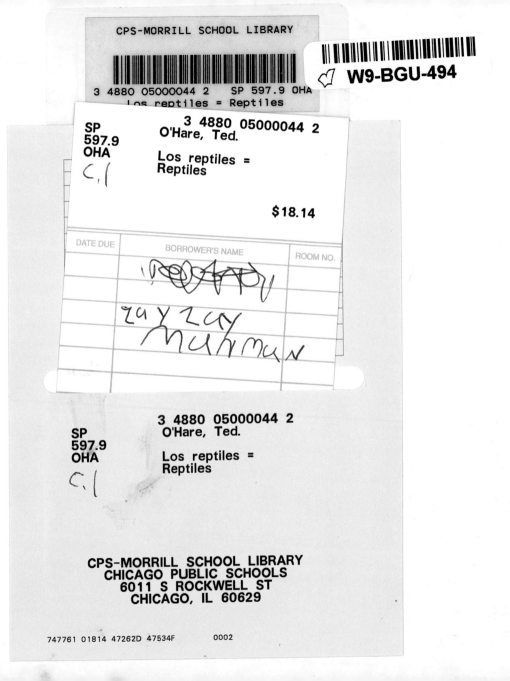

Los Reptiles
Reptiles

¿QUÉ ES UN ANIMAL?
WHAT IS AN ANIMAL?

Ted O'Hare
Traducido por Cathy Grajeda

Rourke
Publishing LLC
Vero Beach, Florida 32964

www.rourkepublishing.com

PHOTO CREDITS: All photos © Lynn M. Stone except p 20 ©James P. Rowan

Carátula: El lagarto enchaquirado es uno de los dos tipos de lagartos venenosos que se conocen en la actualidad.

Title page: The Mexican beaded lizard is one of the two kinds of known venomous lizards.

Editor: Frank Sloan

Cover and interior design by Nicola Stratford

Library of Congress Cataloging-in-Publication Data

O'Hare, Ted, 1961-
  [Reptiles. Spanish/English Bilingual]
  Reptiles / Ted O'Hare.
    p. cm. -- (Qué es un animal?)
  ISBN 1-59515-633-X (hardcover)
  1. Reptiles--Juvenile literature. I. Title. II. Series.
  QL644.2.O33218 2005
  597.9--dc22

                          2005022720

Impreso en los Estados Unidos

CG/CG

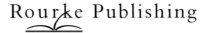

Rourke Publishing

www.rourkepublishing.com – sales@rourkepublishing.com
Post Office Box 3328, Vero Beach, FL 32964

1-800-394-7055

Contenido
Table of Contents

Los reptiles

Los reptiles son **vertebrados**. Se les dice así porque tienen espina dorsal dentro de sus cuerpos. Los peces, los anfibios, las aves y los mamíferos también son vertebrados

Los reptiles no son como los otros grupos de vertebrados. Son los únicos vertebrados que tienen escamas y que viven en la tierra. Las escamas son placas córneas delgadas.

Las serpientes, las tortugas y los cocodrilos son reptiles.

Reptiles

Reptiles are **vertebrates**. This is because they have backbones inside their bodies. Fish, amphibians, birds, and mammals are also vertebrates.

Reptiles are different than other vertebrate groups. They are the only vertebrates that have scales and live on land. Scales are thin, horny plates.

Snakes, turtles, and crocodiles are all reptiles.

This lizard's scaly skin and its ability to live on land make it a reptile.

La piel escamosa de este lagarto y su capacidad de vivir en tierra son indicios de que es un reptil.

Los hábitos de los reptiles

Los reptiles son animales **de sangre fría**. Esto quiere decir que las temperaturas internas de sus cuerpos se mantienen más o menos igual a la del agua o del aire que los rodea.

A los reptiles les son más apetecibles el aire y el agua templados. En condiciones cálidas o frías, los reptiles se ocultan. Es posible que se vayan bajo tierra o que se escondan en cuevas o troncos huecos.

Reptile Habits

Reptiles are **cold-blooded**. This means their body temperatures rise and fall with the air or water temperature around them.

Reptiles like warm air and water. In hot or cold conditions, reptiles hide. They may go underground or hide in caves and hollow logs.

Los reptiles que viven en el norte **hibernan** durante el invierno. Los animales permanecen en un sueño profundo hasta la primavera.

Northern reptiles **hibernate** in the winter. The animals sleep until spring.

Un cocodrilo se calienta permaneciendo al sol y abriendo sus mandíbulas.

A crocodile warms itself by lying in the sun and opening its jaws.

Los tipos de reptiles

Los científicos han encontrado aproximadamente 6,500 **especies**, o tipos, de reptiles. Es probable que queden más por identificar.

Los reptiles se agrupan en cuatro familias. Casi 6,000 especies de serpientes y de lagartos pertenecen a una familia. Alrededor de 250 tipos de tortugas componen otra familia. Los 20 tipos de caimanes y cocodrilos son la tercera. La cuarta familia tiene solo un miembro - un animal parecido a las lagartijas, la tuátara. Este reptil se encuentra solamente en Nueva Zelanda.

Kinds of Reptiles

Scientists have discovered about 6,500 **species** of reptiles. There are probably more to be identified.

Reptiles are grouped into four families. Nearly 6,000 species of snakes and lizards are in one family. About 250 kinds of turtles make up another family. The 20 kinds of alligators and crocodiles are a third. The fourth family has just one member—a lizardlike creature, the tuatara. This reptile lives only in New Zealand.

El gavial falso pertenece a la familia de los cocodrilos.

The false gavial belongs to the crocodile family.

Donde viven los reptiles

Los reptiles se encuentran en todos los lugares del mundo menos en el continente de la Antártida. Viven principalmente en lugares templados.

Los reptiles viven en muchas clases de hogares o **hábitats**. Muchos de estos son **acuáticos** Los reptiles acuáticos viven en agua dulce o en agua salada. También hay reptiles que viven en los desiertos, los pantanos, los bosques, las praderas, los jardines y los patios traseros.

Where Reptiles Live

Reptiles live everywhere in the world except on the continent of Antarctica. They live mostly in warm places.

Reptiles live in many kinds of homes, or **habitats**. Many are **aquatic**. Aquatic reptiles live in fresh water or salt water. Reptiles also live in deserts, swamps, forests, grasslands, gardens, and backyards.

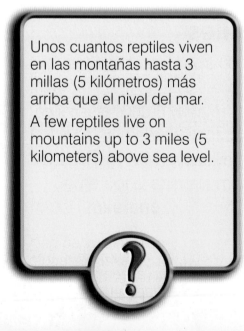

Unos cuantos reptiles viven en las montañas hasta 3 millas (5 kilómetros) más arriba que el nivel del mar.

A few reptiles live on mountains up to 3 miles (5 kilometers) above sea level.

La tortuga de caja norteamericana vive en los bosques de Norteamérica.

The eastern box turtle lives in North American woodlands.

10

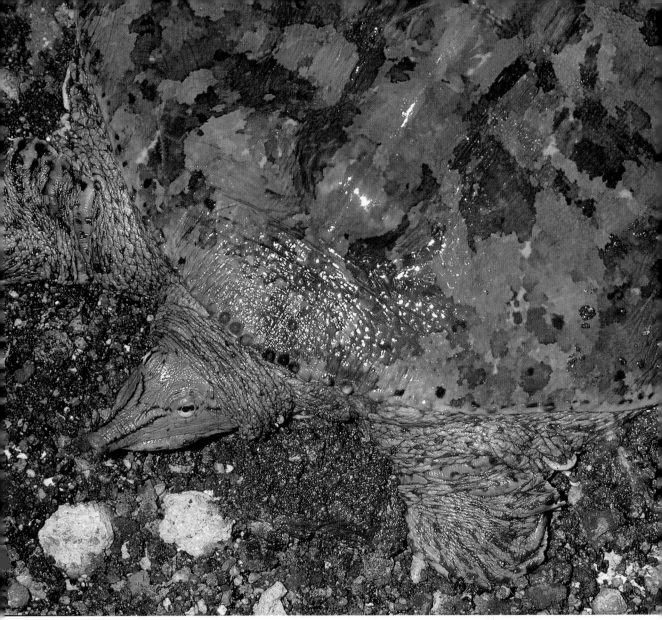

La tortuga de carapacho suave tiene una piel gruesa en lugar de caparazón.
The soft-shelled turtle has a leathery top instead of a shell.

La tortuga caguama pone sus huevos en un nido.
The loggerhead sea turtle lays her eggs in a nest.

Los cuerpos de los reptiles

La mayoría de las tortugas tienen carapachos duros hechos de placas de hueso. Las tortugas, los cocodrilos y los lagartos tienen dos pares de patas. Las serpientes son como los lagartos, pero no tienen patas.

La mayoría de los reptiles tienen la piel seca, dura y correosa. Los anfibios no tienen escamas y su piel suele ser húmeda.

Reptile Bodies

Most turtles have hard shells made of bony plates. Turtles, crocodiles, and lizards have two pairs of legs. Snakes are like lizards, but they don't have any legs.

Most reptiles have dry, leathery skin. Amphibians don't have scales, and their skin is usually moist.

Una pequeña lagartija puede medir 2 pulgadas (5 centímetros). Una pitón puede medir más de 30 pies (9 metros) de largo.

A lizard may be as small as 2 inches (5 centimeters). A python may be more than 30 feet (9 meters) long.

De alguna forma, un caimán es un lagarto gigante que le encanta andar en el agua.

In many ways, an alligator is a giant water-loving lizard.

14

Los maravillosos reptiles

Las serpiente de cascabel puede advertir a la gente que se aleje con el sonido de sus cascabeles. Y tiene dientes huecos que se llenan de **veneno**.

Los únicos lagartos ponzoñosos del mundo se encuentran en Norteamérica. Estos son el monstruo de gila y el lagarto enchaquirado. ¡El carapacho de la tortuga de carapacho suave tiene forma de panqueque!

Amazing Reptiles

Rattlesnakes can warn people off with the noise of their rattles. And they have hollow front fangs that are filled with **venom**.

North America is home to the only poisonous lizards in the world. They are the Gila Monster and the Mexican beaded lizard. The soft-shelled turtle has a back shaped like a pancake!

Aunque en inglés a la lagartija de cristal se le dice víbora, en realidad no es víbora. Es lagartija.

The glass snake isn't a snake. It's actually a lizard.

16

La serpiente de cascabel puede inyectar veneno por sus dientes.

The rattlesnake can deliver poison through its fangs.

El depredador y la presa

La mayoría de los reptiles son **depredadores**. Cazan a otros animales, sus **presas** para alimentarse. Los lagartos atrapan a su presa con sus mandíbulas. Los cocodrilos y los caimanes aplastan a sus presas con sus mandíbulas.

La mayoría de las serpientes matan a sus víctimas por constricción, o las matan con veneno. Las tortugas no tienen dientes, pero ¡sí que tienen mandíbulas filosas! Muchas tortugas comen tanto, plantas como animales.

Predator and Prey

Most reptiles are **predators**. They hunt other animals, their **prey**, for food. Lizards grab insect prey with their jaws. Crocodiles and alligators crush prey with their jaws.

Most snakes either squeeze their prey to death or kill it with venom. Turtles don't have teeth, but they do have sharp jaws. Many turtles eat both plants and animals.

A hognose snake grabs a southern toad and swallows it whole.

Una serpiente hocico de cerdo captura a un sapo común, y se lo traga entero.

Las crías de los reptiles

La mayoría de los reptiles ponen varios huevos en nidos de tierra o de hojas. La mayor parte de las hembras abandonan sus huevos. El sol proporciona el calor para el nido, y un día sale la cría. Algunas especies paren a crías vivas.

Las crías de los reptiles se parecen mucho a sus padres. Muy pocos de los reptiles adultos cuidan de sus crías. Así que los pequeños tienen que aprender ellos mismos a sobrevivir.

Baby Reptiles

Most reptiles lay several eggs in a nest of dirt or leaves. Most reptile mothers leave their eggs to hatch. Sunshine warms the nest, and one day the eggs hatch. Some species bear their young alive.

Baby reptiles look just like their parents. Few adult reptiles take care of their young, so the babies must learn how to survive on their own.

Una lagartija basilisca eclosiona de su cascarón.

A basilisk lizard hatches from its shell.

La gente y los reptiles

Muchas personas tienen miedo de los reptiles, sobre todo de las serpientes. Pero caasi todas las serpientes de Norteamérica son inocuas.

La gente usa los reptilescomo mascotas, como alimentoy por su piel. Muchos reptiles han empezado a escasear. casi todas las especies de tortugas marinas y de cocodrilos están en peligro.

Los reptiles son criaturas útiles. Dondequiera que estén, ayudan a mantener el equilibrio de la naturaleza.

People and Reptiles

Many people are afraid of most reptiles, especially snakes. But most North American snakes are not harmful.

People use some reptiles for pets, food, and leather. Many reptiles are becoming rare. Almost all sea turtles and crocodile species are in danger.

Reptiles are useful creatures. Wherever they live, they help keep the balance of nature.

GLOSARIO / GLOSSARY

acuático (ah CUAH tih coh) — que vive en el agua
aquatic (uh KWAT ik) — living in water

de sangre fría (deh SAN greh FRY ah) — se refiere a los animales cuya temperatura interna se
mantiene más o menos igual a la del ambiente en que se encuentran; los peces, los anfibios y
los reptiles son de sangre fría
cold-blooded (KOLD BLUD ed) — refers to animals whose body temperatures stay about the same
as those of their surroundings; includes fish, amphibians, and reptiles

hábitats (AH bih tats) — lugares especiales donde viven los animales como un pantano
de cipreses
habitats (HAB uh tatz) — special kinds of places where animals live, such as a cypress swamp

hibernar (yh ber NAR) — permanecer en un sueño profundo durante el invierno
hibernate (HY ber nayt) — to enter into a deep winter sleep

depredadores (deh preh dah DOR ehs) — animales que cazan a otros animales para alimentarse
predators (PRED uh terz) — animals that hunt other animals for food

presa (PREH sah) — un animal que es cazado por otros animales para alimentarse,
prey (PRAY) — an animal that is hunted by other animals for food

especie (es PEH syeh) — dentro de un grupo de individuos semejantes con antepasados
comunes, un cierto tipo, como la tortuga de caja
species (SPEE sheez) — within a group of closely related animals, one certain kind, such as a
leopard frog

veneno (veh NEH noh) — la ponzoña producida por ciertos animales, incluyendo varias serpientes
venom (VEN um) — a poison produced by certain animals, including several snakes

vertebrados (ver teh BRAH dohs) — animales con espina dorsal; los peces, los anfibios, los
reptiles, las aves y los mamíferos son vertebrados
vertebrates (VER tuh BRAYTZ) — animals with backbones; fish, amphibians, reptiles, birds, and
mammals are vertebrates

Índice / Index

Lecturas adicionales / Further Reading

Arlon, Penelope. *DK First Animal Encyclopedia.* Dorling Kindersley, 2004

Pascoe, Elaine. *Animals with Backbones.* Powerkids Press, 2003

Silsbury, *Louise and Richard Silsbury. Classifying Reptiles.* Heinemann Library, 2003

Sitios web para visitar / Websites to Visit

http://www.biologybrowser.org
http://www.kidport.com/RefLib/Science/Animals/AnimalIndexV.htm
http://nationalzoo.si.edu/Animals/ReptilesAmphibians/ForKids/

Acerca del autor / About the Author

Ted O'Hare es autor y editor de libros para niños. Divide su tiempo entre la Ciudad de Nueva York y una casa en el norte del estado.

Ted O'Hare is an author and editor of children's books. He divides his time between New York City and a home upstate.